BEI GRIN MACHT SICH IHR WISSEN BEZAHLT

Kollektivität jenseits von Staat und Individuum

Das poststrukturalistische Konzept der antiindividualistischen Individualität als Vorbedingung autonomer Kollektivität

Josef Muehlbauer

Bibliografische Information der Deutschen Nationalbibliothek:

Die Deutsche Nationalbibliothek verzeichnet diese Publikation in der Deutschen Nationalbibliografie; detaillierte bibliografische Daten sind im Internet über http://dnb.d-nb.de abrufbar.

ISBN: 9783346259561
Dieses Buch ist auch als E-Book erhältlich.

© GRIN Publishing GmbH
Nymphenburger Straße 86
80636 München

Druck und Bindung: Books on Demand GmbH, Norderstedt Germany
Gedruckt auf säurefreiem Papier aus verantwortungsvollen Quellen

Das vorliegende Werk wurde sorgfältig erarbeitet. Dennoch übernehmen Autoren und Verlag für die Richtigkeit von Angaben, Hinweisen, Links und Ratschlägen sowie eventuelle Druckfehler keine Haftung.

Das Buch bei GRIN: https://www.grin.com/document/933379

Seminararbeit

Kollektivität jenseits von Staat und Individuum

Das poststrukturalistische Konzept der antiindividualistischen Individualität als Vorbedingung autonomer Kollektivität

Verfasser:

Josef Muehlbauer

Wien, im Juli 2018

Institut für Politikwissenschaft, Universität Wien

Studienrichtung: Politikwissenschaft

Inhaltsverzeichnis

1. Einleitung und Relevanz

Wie viel (moralische) Individualität und individuelle Persönlichkeit darf die Gesellschaft dem Einzelnen zugestehen? Wie viel Raum soll dem Einzelnen gewährt werden und wie weit soll oder muss der/ die Einzelne sich in der Gesellschaft entfalten? Sollen die Interessen der Gesellschaft über die Interessen des Individuums gestellt werden? Oder ganz einfach gefragt: wie ist das Verhältnis von Individuum und Gesellschaft zu verstehen und welche realpolitische Implikationen wirft dies mit sich? Diese und ähnliche Fragen beschäftigen die SozialwissenschaftlerInnen und PhilosophInnen spätestens seit der Antike (vgl. Etzioni 1994: 29ff, Kron 2001: 10). An der Dichotomie zwischen Individuum und Gesellschaft, zwischen dem Einzelnen und dem Kollektiv, spaltet sich die Debatte auch heute noch. Kommunitarismus und Liberalismus können in dieser Hinsicht als Gegenpole angesehen werden. Diese Trennlinie unterscheidet auch den Kommunismus vom Kapitalismus. Während beim Liberalismus und Kapitalismus das isolierte Individuum bzw. der „Besitzindividualismus" (Macpherson 1962)[1] im Vordergrund steht, betont der Kommunitarismus und Kommunismus kollektive Vorstellungen und die individuelle Verantwortung gegenüber der Gesellschaft (vgl. Haus 2003). Diese hier erwähnte wissenschaftliche Debatte geht von einer Dichotomie zwischen dem Einzelnen und dem Kollektiv, bzw. zwischen dem Individuum und der Gesellschaft aus. Doch muss es diese Trennung überhaupt geben? Schon Aristoteles erkannte in der griechischen Antike, dass der Mensch sich nur in der Gesellschaft (Polis) verwirklichen kann und somit ein soziales und politisches Wesen (zoon politikon) ist (vgl. Russel 2012: 206-216). Da die Antike jedoch nur ein mit der Gesellschaft verschmolzenes Individuum kannte, konnte auch Aristoteles diese Dichotomie nicht überwinden.[2] Diese Überwindung gelingt nur in dem diese Dichotomie dekonstruiert und in Folge als ein von Macht und Herrschaft durchdrungener Diskurs aufgedeckt wird. Dies ist von Anbeginn ein grundlegendes Element der feministischen Theorie, nämlich das „liberale Trennungsdispositiv" (Sauer 2001), also die Vergeschlechtlichung der Grenzziehung zwischen Öffentlichkeit (Gesellschaft) und Privatheit (Individuum) kritisch zu hinterfragen. In der feministischen Forderung, dass alles private auch politisch (gesellschaftlich) sei, zeigt sich die Notwendigkeit einer alteritären Individualitäts- bzw.

---

[1] Macpherson (1962) sieht im Besitz und am Besitz orientierten Individualismus die theoretische Grundlage für den liberal-demokratischen Staat. Individuen handeln demnach in der Gesellschaft als isolierter Eigentümer, welche vertragliche Bindungen eingehen. Somit ist die Gesellschaft nur eine Kette von Marktbeziehungen.

[2] „Als Aristoteles den Menschen als politisches Wesen definierte, meinte er damit, der Mensch gehöre untrennbar zu seinem jeweiligen sozialen Ganzen, er sei in der Gesellschaft eingebettet. Er sah ihn nicht als privates Ich, fähig und berechtigt, es selbst zu sein" (Sartori 1997: 281f).

Kollektivkonzeption. Genau hier knüpft diese Arbeit an und intendiert nun die Individualität als sozialer Wert und als dynamischen und gesellschaftlichen Prozess, also als eine „antiindividualistische Individualität" (vgl. Kuhn 2007: 90ff) zu beschreiben. Vor allem in Zeiten wie diesen in denen rechtspopulistische und nationalistische Parteien und Bewegungen im Aufwind sind, ist eine autonome Kollektivität gegenüber einer totalitären Kollektivität gefragter den je. Dies führt mich auch schon zur konkreten Fragestellung.

1.1 Fragestellung und methodologische Vorgehensweise

Die zentrale Frage, die in dieser Arbeit beantwortet wird, lautet: Wie lässt sich das Konzept der antiindividualistischen Individualität charakterisieren? Eine damit eng verbundene Frage wird ebenfalls angeschnitten: Welche Kritik impliziert die antiindividualistische Individualität an der Dichotomie zwischen Individuum und Staat?

Ganz im Sinne der Cultural Studies, versuche ich einerseits interdisziplinär feministische, anarchistische und poststrukturalistische Ansätze und Theorien aufzugreifen, andererseits versuche ich das Individuum kulturell, also im Sinne des „magischen Dreieck" (Marchart 2008) von Identität, Macht und Kultur zu erfassen. Mit dieser Herangehensweise versuche ich den vom österreichischen Philosophen Gabriel Kuhn (2007) geprägten Begriff „antiindividualistische Individualität" näher zu durchleuchten.

2. Begriffsbestimmung und theoretische Rahmung

Dem Konzept „antiindividualistische Individualität" liegt ein begriffliches Vorverständnis voraus, dass es hier in diesem Kapitel zu erörtern gilt. Deshalb werden die Begriffe „Staat" und „Individuum" ganz im Sinne von Kuhn (2007) dekonstruiert. Dekonstruktion meint hierbei, dass *„die Bedeutung von Begriffen sich nicht endgültig bestimmen lässt, weil die Verweise, die Bedeutungen konstituieren, vielfältig und unabgeschlossen sind"* (Villa 2006: 95, in Zapf 2013: 80). Die Bedeutung von Begriffen ist nicht nur im diskursanalytischen Kontext von „Wissen ist Macht" (Foucault 2013: 471-701; 1021-1151) verankert[3], sondern Begriffe konstituieren sich erst in der Wiederholung. Jede Wiederholung jedoch führt unausweichlich zu Verrückungen, Veränderungen und Abweichungen und diese hier beschriebene Iterabilität führt laut Derrida (vgl. 1988: 76-113) zur différance. Um es mit einer abgewandelten Metapher von Heraklit

---

[3] Für Foucault ist Macht immer auch produktiv und ermöglicht Subjektivierung und stellt gewisse Denkweisen und Wahrheiten her. Für ihn ist Wissen daher nie neutral, sondern ein umkämpftes Feld und Machtpotential. Demzufolge muss auch die Analyse von Wissen, also die Art und Weise der Produktion und Reproduktion von Wissen in den jeweiligen diskursiven Formationen, stets mit Macht- und Herrschaftsverhältnisse verbunden betrachtet werden (vgl. Foucault 2013: 1021-1151).

abzurunden: Man steigt nicht zweimal in denselben Fluss an Bedeutung in einer Konversation (vgl. Russel 2012: 66). Mit diesem soeben beschriebenen theoretischen Werkzeug der Dekonstruktion werde ich nun die folgenden Begriffe definieren.

2.1 Der Staat

Das deutsche Wort „Staat" kommt aus dem lateinischen „status" und heißt so viel wie: „Stand", „Zustand", „Stellung". Es beschreibt den „Stand der Macht, bzw. der Herrschaft" (status regalis), ein an die Macht gelangter Herrscher – auch wenn dies oftmals nicht legitim und nicht im Sinne des öffentlich-sozialen Konsens (bzw. Willens) war. So begann schon sehr früh in der Geschichte eine „Trennlinie" zwischen Staatsmacht und der Gesellschaft. Den Staat kann man also, wenn man vom Status Quo ausgeht statisch, bzw. wenn man sich die geschichtliche Entwicklung ansieht, auch dynamisch vorstellen. Dynamisch ist der Staat, weil er ständig sozialen Veränderungen unterliegt (Revolutionen; Bündnisse; Kriege; Übernahmen; Auflösungen…) und kein „vollendetes Projekt", sondern ein „Prozess des Werdens" darstellt. Anhand dieser soziologischen Aspekte ist eine genaue Definition des Staates immer in einem historischen Kontext eingebunden (vgl. Hochgerner 2010: 19ff). In dieser Arbeit fokussiere ich mich auf den modernen Staat. Die Entstehung des modernen Staates in Europa war eng verbunden mit dem Kapitalismus[4], sowie mit den politischen Revolutionen, die den Feudalismus beseitigten und zugleich Konstitutionen und damit verbunden diverse Formen parlamentarisch-demokratische Systeme etablierten. Die Folge: die Vernichtung von Ständeversammlungen und Ansätzen von Verfassungen und Volksrepräsentation; Schaffung neuer Formen der Königsherrschaft (Absolutismus), welche sich auf die militärische Gewalt stützen. Die Französische Revolution (1789), bzw. Februarrevolution (1848), der englische Bürgerkrieg (1642) und die amerikanische Unabhängigkeitserklärung von 1776 waren Eckpfeiler der Vorstellung von der individuellen Freiheit und Eigentumssicherung. Diese „Freiheit" galt im Grunde nur für weiße, privilegierte, angelsächsische, besitzende, überwiegend heterosexuelle Männer – da Frauen, Besitzlose, Farbige und Sklaven nicht zur „offenen und freien Gesellschaft" der Wähler zählten. Die Idee des Privateigentums ist also nicht nur für unser modernes Demokratieverständnis von großer Bedeutung, sondern auch ausschlaggebend für die Entwicklung des modernen Staates: da die „BürgerInnen-Schicht"

---

[4] Die staatliche Gesellschaftsformation die ich hier beschreiben möchte kann man auch mit den Typenbegriffen „Kapitalismus", „Moderne", „Industriegesellschaft" oder „bürgerliche Gesellschaft" besser verstehen (vgl. Ritsert 2009: 33f). Diese Typenbegriffe bedingen sich wechselseitig und der Ursprung der bürgerlichen (kapitalistischen) Gesellschaft und der sozialen Ungleichheit ist laut Rousseau im Eigentum zu suchen (Russel 2012: 696).

(Bourgeoisie) die Notwendigkeit eines „Gewaltmonopols", also eines Staates darin sah, ihr Eigentum sowohl von den Gefahren der Demokratie („Volksherrschaft"), als auch vor den Gefahren des Absolutismus („bzw. Totalitarismus") zu schützen. Der Historiker Johann Dvorak bringt es diesbezüglich auf dem Punkt:

> *„Das zentrale Problem und die (buchstäbliche) Begründung des modernen Staates ist die Sicherung des Eigentums. Die Frage des Eigentums im Zusammenhang mit dem Staat, musste in der Sphäre der Ökonomie zunehmend verborgen und verschleiert werden"* (Dvorak 2011: 32).

Bis heute liegt das Prinzip des Eigentums[5] und die neuzeitliche Autonomisierung des Einzelnen als Individuen verankert in den Vertragstheorien. Die Vertragstheoretiker angefangen von Hobbes, Locke, über Rousseau und den Philosophen Rawls oder Nozick, den Ökonomen Schumpeter oder Hayek, bis hin zu den Rechtstheoretikern Kelsen oder Böckenförde erklären, dass sich das Individuum im Staat zusammenfinden muss, weil nur dort ihre individuellen Interessen (z.b. Schutz ihres Eigentums) verwirklicht werden können (vgl. Kuhn 2007: 38f). Dies führt mich auch schon zum zweiten Begriff welcher näher bestimmt werden muss.

2.2 Das Individuum

> *„Die Manifestierung des neuzeitlichen Individuums fällt zusammen mit der Geburtsstunde des modernen Staates"* (Kuhn 2007: 41).

Um das Werden des neuzeitlichen Individuums besser zu verstehen, müssen wir einen Blick auf den geschichtlichen Entwicklungsprozess werfen. Mit dem 15. und 16. Jahrhundert setzt laut Elias der „Zivilisationsprozess"[6] ein, der *„uns bis zum 19 Jahrhundert eigenes Essbesteck,*

---

[5] Eigentum meint hier nicht nur die Praxen eines Individuums und/oder eines Kollektivs, sich begehrte Sachen, Produkte oder Leistungen zueigen zu machen (faktischer Besitz), im Sinne eines gesellschaftlich anerkannten und somit legitimes (meist persönliches) Eigentum. Eigentum schließt hier die Appropriation, also die auf Gewalt und Macht gestützte Chance sich Produkte und Leistungen anderer gegen deren Willen zueigen zu machen mit ein. Ideologisch legitimierter Besitz (z.B. durch Nationalismus oder Religionen) stellt den Traum aller Herren bis auf den heutigen Tag dar. Ihre Privilegien erweisen sich als umso sicherer, je mehr es ihnen gelingt, Herrschaftslegenden zu verbreiten, die von den Knechten selbst geglaubt werden. Auch in der Rechtsordnung kann ein „latenter Bias" eingebaut sein, so dass das Regelwerk den Interessen der Herren und ihr Eigentum schützt. (vgl. Ritsert 2009: 168f). Kaum verwunderlich also, dass der französische Soziologe Proudhon (2018) das Gesetz zum Schutze des Eigentums als ein „Wert der Zwietracht, der Lüge und des Mordes" ansieht (S. 57ff).

[6] Kritik erhielt die Zivilisationsthese von Elias von Hans Peter Duerr mit seinem vierbändigen Werk „Mythos vom Zivilisationsprozess". Elias wird dabei eine eurozentrische Überheblichkeit vorgeworfen, da er außereuropäische Kulturen nicht zur Gänze erfasst (vgl. Duerr 1988).

Einzelbetten, Einzelzimmer oder Eigennamen brachte" (Kuhn 2007: 29, Elias 1976). Durch die zunehmende Mobilität im Bereich der Arbeit, Ausbildung und des Wissenstransfers, begann schrittweise die Auflösung vorneuzeitlicher Kollektivverbände (vgl. ebd.). Ab dem 16. Jahrhundert tritt der Einzelne und das Interesse an Individuen immer mehr ins Zentrum der Romane, Porträts oder aber Studien (vgl. Taylor 1996). Zentral für die Neuzeit war nun die neuartige Vorstellung, dass der Mensch (also jede Persönlichkeit) einmalig ist (vgl. Gurjewitsch 1994). Mit diesem Transformationsprozess, also mit dieser „Demokratisierung des Ichs" löste sich gleichzeitig das einzelne Individuum von seiner soziokulturellen und im weitesten Sinne von seiner ökologischen Einbettung (vgl. Kuhn 2007: 30-33). Die Losung „cogito ergo sum", also das cartesianische Weltbild versichert uns durch Rationalität (Gebrauch der Vernunft) unsere eigene Existenz. Somit wird der lebenspraktische Austausch mit der sozialen Umwelt welche uns hervorgebracht hat und uns umgibt nicht nur nebensächlich, sondern als (mögliche) Illusion angesehen (vgl. Descartes 1986: 99ff). Dieses „ich-zentrierte Weltbild", das Ulrich Beck 300 Jahre nach Descartes als gesellschaftlichen Motor ausmacht, ist im neuzeitlichen Individualismus fundiert (Kuhn 2007: 34, vgl. Beck 1991). Bei Beck schwingt jedoch eine gewisse Kritik an diesem neu entstandenen Individualismus, wenn er meint dass es zu einem „*Tanz um das goldene Selbst*" gekommen ist (Beck 1991: 58). Kuhn (2007: 34) bringt es auf den philosophischen Punkt:

> „*Dem neuzeitlichen Individualismus entspricht eine ontologische Isolierung des Menschen als Einzelwesen.*"

Dies ebnete den Weg für den „neuen Menschen"[7], nämlich dem homo oeconomicus. Im Zuge der Reformation Luthers entstand eine „protestantische Ethik" welche das Selbstwertgefühl am Eigennutz, also an der Anhäufung von Besitz und Wohlstand durch taktisches agieren am Markt bemisst (vgl. Weber 2014). Nicht zufällig ist heutzutage die meist zitierte politikwissenschaftliche Theorie der Rational Choice Ansatz („methodologischer bzw. ontologischer Individualismus), mit seiner anthropologischen Annahme, dass Individuen nur rational ihren Eigennutz verfolgen, also nutzenmaximierend (am Markt) agieren (vgl. Dylla 2008). Wie wir noch im Kap. 3 sehen werden, führen diese Prozesse zu einer Entfremdung und zu einer individuellen Sehnsucht nach Gemeinschaft, welche allzu oft ins totalitäre münden.

---

[7] Mit neuer Mensch meine ich die Veränderung grundlegender anthropologischer Annahmen und die damit einhergehende Veränderung des Weltbildes. Tawney (1920) zufolge änderte sich das Weltbild mit dem Übergang von einer feudalen zur marktwirtschaftlichen Ökonomie, von einem theokratischen zu einem ökonomischen Weltbild.

Nun komme ich zum letzten Schritt, nämlich zum Konzept der antiindividualistischen Individualität, welche sich stark von der Dichotomie „Individuum und Gesellschaft" abgrenzt und sich auch um Autonomie gegenüber dem Staat bemüht. Genau in dieser Abgrenzung und Kritik wird deutlich wofür das Konzept eintritt.

3. Kritik und Abgrenzung der Antiindividualistischen Individualität

Nobert Elias meint, dass man von Individuen und Gesellschaft in der gleichen Weise spricht, in der man von Pfeffer und Salz spricht (Elias 1991: 126, Kuhn 2007: 43). Genau daran übt Kuhn (2007) mit seiner antiindividualistischen Individualität Kritik, da er dies als falsche Dichotomie ansieht. Konkret sind nun folgende Kritikpunkte relevant, die gleichzeitig das Charakteristikum der antiindividualistischen Individualität aufzeigen:

3.1 Selbst- oder Kollektivverantwortung (Rousseaus Problem)

Die neuzeitliche Autonomisierung des Einzelnen ging einher mit dem Bedürfnis nach Schutz (des Eigentums) und somit mit der schrittweisen Herausbildung einer kapitalistischen Produktionsweise und des modernen Staates (Kap 2). Einerseits ist also das Individuum frei weil es gewisse abstrakte (staatliche) Rechten „besitzt", andererseits ist es unfrei weil es gleichzeitig staatlichen Pflichten (z.B. Steuern) nachkommen muss.[8] Das einzige soziale Bindeglied bleibt somit auf der Ebene des Vertrages. Bookchin (1985) äußert hierzu eine Kritik:

„Kooperation ist (...) mehr als bloßer Kitt zwischen den Mitgliedern einer Gruppe, sie ist eine organische Verschmelzung von Identitäten, die, ohne ihre individuelle Einzigartigkeit zu verlieren, die Einheit des Bundes erhalten und pflegen. Der Vertrag dient, wenn er in diese Ganzheit eindringt, dazu, sie zu untergraben. Er verwandelt ein unbewusstes Verantwortungsgefühl in eine abwägende (vernunftbasierte) *Hilfe auf Gegenseitigkeit."* (hervorgehoben durch Kuhn 2007: 39, Bookchin 1985: 79).

Das (mögliche) Resultat dieser abstrakten Vertragstheorie ist der Verlust individuellen Empfindens kollektiver Verantwortlichkeit. Hier ist an dieser Stelle ist es wichtig zu betonen: Das Spannungsfeld zwischen Selbst- und Kollektivverantwortung ist ein grundlegendes Dilemma der Vertragstheorien. Das Dilemma liegt klar auf der Hand: dort wo

---

[8] Zum diesbezüglichen Thema Freiheit schrieb Marx und Engels (1990: 136): „In der Vorstellung sind daher die Individuen unter der Bourgeoisieherrschaft freier als früher (Feudalismus), weil ihnen ihre Lebensbedingungen zufällig sind; in der Wirklichkeit sind sie natürlich unfreier, weil mehr unter sachlicher Gewalt subsumiert wird" Eine ähnliche Tendenz sieht auch Boli in seinem Werk „Human Rights or State Expansion". Hervorgehoben sind diese Bemerkungen durch Kuhn 2007: 42ff.

Kollektivverantwortung bzw. der kollektive Selbstbestimmung aufhört, beginnt die individuelle Verantwortung bzw. die individuelle Selbstbestimmung (und vice versa). Nicht zufällig wollte dies Rousseau dadurch lösen,[9] dass er eine weitere Dichotomie aufmacht, nämlich die von Bourgois und Citoyen bzw. dem Willen aller Bürger und den Allgemeinwillen (volonté générale). Indem sich jeder mit dem Allgemeinwillen identifizieren kann, ist der Staat ein soziales Feld in welchem die Kollektiv-Befriedigung der Privatinteressen zum Ausdruck kommt (vgl. Russel 2012: 707). Paradoxerweise entwickelt sich gerade durch diese vertragliche Legitimationsgrundlage eine gewisse Totalität, die Michel Foucault als „Technik" formuliert. Für ihn ist die Macht des Staates sowohl eine individualisierende als auch eine totalisierende (Foucault 1978: 248). Denn mit dem Vertreten des Allgemeinwillens tritt gleichzeitig ein enormer Verwaltungsapparat zu Tage, der alles über die Individuen wissen muss, da er für ihr Wohl und ihre Sicherheit sorgen muss. Angefangen von Geburtsurkunden bei der Geburt, über Zertifikate und Pässe, bis hin zu Sterbeurkunden wird scheinbar jeder Schritt des Individuums, zensiert, normiert, reguliert, registriert, taxiert und staatlich notiert (vgl. Kuhn 2007: 46; vgl. Proudhon 1963: 363). Individualisierung, in dem bisher skizzierten bürgerlichen Sinne, ist somit eine Bedingung staatlicher Totalität (vgl. Kuhn 2007: 47).

> *„Einzelne werden als Individuen lebenspraktisch isoliert, dafür verwaltungstechnisch umso bedingungsloser aneinander gekettet"* (ebd.: 48).

Folgerichtig kann man also argumentieren, dass nur durch die Auflösung der (bürgerlichen) Individualisierung (Anti-Individualismus) eine autonome Kollektivität entstehen kann. Genau dieses Ziel verfolgt die Dekonstruktion Kuhns und sein Konzept der antiindividualistischen Individualität.

3.2 Entfremdungsprozesse und die Notwendigkeit von Illusionen

> *„Unsere einzige Gemeinschaft ist die Illusion, zusammen zu sein"* (Raoul Vaneigem 1980: 31).

> *„Die modernistische Kultur ist Kultur des Selbst par excellence. Ihr Zentrum ist das „Ich"."* (Daniel Bell 1976: 161).

---

[9] Es ist Jean-Jaques Rousseau gewesen, der Philosoph der Volkssouveränität, der auf den inneren Widerspruch der hobbes'schen Lösung am heftigsten reagiert hat. Im „Contract social" nimmt er ihre Widersprüchlichkeit zum Anlass, den berühmten Satz: Der Mensch ist frei geboren, und überall liegt er in Ketten" zu verfassen. Den Widerspruch sieht er darin, dass die Aufopferung der eigenen Autonomie und eigene Souveränität unter der Entscheidungsfähigkeit der öffentlichen Ordnung zur Selbstversklavung führt. (vgl. Kohler 2011: 10ff).

Aufgrund des abstrakten Gesellschaftsvertrages, also aufgrund der individuellen Isolierung aus dem soziokulturellen Umfeld und aufgrund des Verlustes des lebenspraktischen Bezugs, beginnt ein Prozess der Entfremdung. Die Sehnsucht des entfremdeten Individuums nach einem allgemeinen Gesellschaftskörper (Organismus), also die Sehnsucht nach einem durchaus totalitär-faschistoider Modell, tritt dadurch ans Tageslicht. Diese Sehnsucht bringt eine „Erfindung der Tradition" (Beck 1994), aber auch die „imagined communites" (Anderson 1991) mit sich und führt zu einer „essentialisierten Kultur" (vgl. Kuhn 2007: 53ff). Die Bildung von Identität gelingt ausschließlich durch Ausgrenzung und durch ein simples „dabei sein", bzw. dazu gehören". Anders formuliert: Mit der Erfindung der Nation (Anderson 1991), gelingt die Identitätsbildung durch essentialisierte Begriffe wie „Nation", „Volk" und „Rasse" und schafft ein „wir-Gefühl". Wallerstein bringt es diesbezüglich auf den Punkt:

„Die Idee einer rassistischen Gemeinschaft kommt auf, wenn sich die Grenzen der Zusammengehörigkeit auf der Ebene der Sippe, der Nachbarschaftsgemeinschaft (...) auflösen, um imaginär an die Schwelle der Nationalität verlagert zu werden: wenn nichts der Verbindung mit jedem beliebigen Mitbürger entgegensteht und wenn diese, im Gegenteil, als die einzige „normale", „natürliche" erscheint" (S. 118).

Somit wird klar, dass Begriffe wie „Volk" und „Rasse" keine deskriptiven Begriffe sind, sondern lediglich einen fiktiven Wert der Vereinigung darstellen. Kuhn resümiert diesen Gedanken: Erst der vereinsamte Einzelne bedarf also der transzendenten Wertstiftung fiktiver Kollektivität, weil er keine „echte" mehr hat. Es ist daher kein Zufall, dass der hellenistische Individualismus der Stoa den Kosmopolitismus hervorbrachte und der Individualismus der Renaissance den Humanismus (Kuhn 2007: 55ff). Psychologisch ist dies einfach zu verstehen, da Einsamkeit nur schwer zu ertragen ist. Heute zeigt sich die „Atomisierung unserer Gesellschaft" (Pietschmann 2009)[10] und das scheinbare Einsamkeitsgefühl u.a. in Form von anthropomorphisierte Haustiere, Fernsehgeräte oder Computer (vgl. Kuhn 2007: 64).

Dem cartesianischen Ich wohnt die Trennung von Geist und Körper inne, welche wiederum das Individuum der Gesellschaft (gefährlich) gegenüberstellt (vgl. Kap 2). Das neuzeitliche Ich verbindet sein Selbstwertgefühl mit dem Besitz und Eigentum und verkommt somit zu einem „bürgerlichen Konkurrenzegoismus" (vgl. Kuhn 2997: 66). Egoismus könnte somit nicht

---

[10] Laut Pietschmann (2009) führten der materielle Wohlstand der „Spaßgesellschaft" und der Drang nach Selbstverwirklichung (Individualisierung) zu einer sozialen Isolierung. Wie Atome in der Physik stoßen die Individuen aneinander, haben darüber hinaus aber keine Wechselwirkung und Verbindung.

primär als Charaktereigenschaft sondern als Ideologie der Bourgeois betrachtet werden und so betrachtet leben wir „im Zeitalter des Narzissmus" (Laschs 1986). Die Legitimation dieser bürgerlichen Grundhaltung, also dieser „Fetisch des Eigentums", ist schon beim Vertragstheoretiker Locke zu finden:

> *„Das große und hauptsächliche Ziel, weshalb Menschen sich zu einem Staatswesen zusammenschließen und sich unter Regierung stellen, ist (…) die Erhaltung ihres Eigentums"* (Locke 1992: 278, hervorgehoben durch Kuhn 2007: 68).

Somit haben wir ein weiteres Charakteristikum der antiindividualistischen Individualität markiert, nämlich die Kritik und Abgrenzung nicht nur vom modernen Staat, sondern auch die Verneinung des bürgerlichen Egoismus und Besitzindividualismus. Somit wird eine Trias von „Individuum", „Eigentum" und „moderner Staat" skizziert, die sich wechselseitig bedingt.

Bisher wurde deutlich angesprochen was die antiindividualistische Individualität nicht ist, nun in der Conclusio soll gezeigt werden, welche realpolitischen Implikationen dieses Konzept mit sich bringt und somit wofür es im Grunde steht.

4. Conclusio und Ausblick

In der Debatte zwischen Liberalismus und Kommunitarismus geht es, wie gezeigt, um die Dichotomie zwischen Individuum einerseits und Gesellschaft (vor allem Staat) andererseits. Ersteres plädiert für die Freiheit des Individuums und für den freien Markt, letztes wiederum argumentiert für ein „StaatsbürgerInnenbewusstsein" und für eine Regulierung des Marktes. Zwei extreme Gegenpole stehen sich ideologisch diesbezüglich gegenüber: der Marktfundamentalismus auf der einen und der „starke Staat", also der völkische Nationalismus auf der anderen Seite. Beide Ansätze jedoch hinterfragen die Trias von Individuum, Staat und Eigentum nicht. Kuhns Konzept kann daher aus mehrere Blickwinkel als „Dritter Weg" verstanden werden, da er sowohl die individualistisch-bürgerliche Ideologie, also den Besitzindividualismus des Liberalismus, als auch die blinden Flecken des Kommunitarismus[11] zunächst dekonstruiert, anschließend kritisiert und schließlich mit der antiindividualistischen Individualität überwindet. Konkret sieht die realpolitische Umsetzung der bisherigen Kritik folgendermaßen aus: Indem das Individuum von seinem „Eigentumfetisch" gelöst wird, also aufhört eine „Staat-Individuum-Symbiose" darzustellen, indem also diese falsche Dichotomie

---

[11] Es fällt laut Kuhn (2007: 140ff) dem Kommunitarismus eine tiefgreifende Analyse der Macht, und er ist blind gegenüber der Entstehung und Legitimationsgrundlage des modernen Staates und auch erkennt er die Notwendigkeit der Überwindung des Individuums nicht an.

zwischen Individuum und Gesellschaft durchbrochen wird, gelingt es der Individualität des Einzelnen sich in einer autonomen Gemeinschaft zu entfalten. Ziel ist somit, anti-herrschaftliche und anti-ausbeuterische ökonomische und soziale Strukturen, also im Grunde horizontale Organisationsstrukturen zu schaffen, welche dem Einzelnen die Möglichkeit gewährt sich in seiner soziokulturellen Umgebung zu reflektieren, zu entfalten und sich somit ins Kollektiv aktiv und selbstbestimmt einzubringen. Diese Emanzipationsprozesse verlaufen parallel anhand von unzähligen intersektionalen Linien wie beispielsweise: Klasse, race, Hautfarbe, Gender, Alter, Körpergewicht und richten primär sich gegen die beiden Seiten der patriarchalen Medaille, nämlich Individuum und Staat. Die Auflösung der oben erwähnten Dichotomie, bzw. die Auflösung der Grenzen zwischen Öffentlichkeit und Privatheit (im feministischen Sinne) folgt den radikaldemokratischen Prinzipien, wie Inklusion, Gleichberechtigung der Geschlechter und inkludiert weiter eine solidarische (nachhaltige) Produktionsweise. Nach dem Motto der Zapatista in Chiapas (Mexiko): „fragend gehen wir", ist das Kollektiv nicht ein statische Form, sondern ein permanentes Werden. Dieses undogmatische, multidimensionale und intersektionale Charakteristikum des poststrukturalistischen und anarchistischen Konzepts der antiindividualistischen Individualität, lässt jeden Essentialismus, Nationalismus und Kapitalismus hinter sich. Hochgehalten wird hingegen die Individualität die Bakunin zu schützen gedacht:

> *„Die menschliche Individualität, ebenso die der unbeweglichen Dinge, ist für die Wissenschaft gleichfalls unfassbar und sozusagen nicht existierend. Deshalb müssen auch die lebenden Individualitäten sich gegen sie* (i.e. die Wissenschaft) *verwahren und schützen, um nicht von ihr wie das Kaninchen zum Nutzen irgendeiner Abstraktion geopfert zu werden."* (Bakunin 2005).

Dieses Konzept könnte helfen, weitere Dichotomien (Mann/Frau, Natur/Kultur, weiß/schwarz, rational/irrational, zivilisiert/wild, stark/schwach, gut/böse, Markt/Staat, Nationalismus/Globalisierung usw.) die im abendländischen Herrschaftsdiskurs verankert sind zu durchbrechen (vgl. Kuhn 2007: 121).

Quellen- und Literaturverzeichnis

Anderson, Benedict (1991), Imagined Communities: Reflections on the Origin and Spread of Nationalism, Verso Verlag, London, New York.

Bakunin, Michail (2005), Gott und der Staat, Karin Kramer Verlag, Berlin.

Balibar, Etienne/ Wallerstein, Immanuel (1990), Rasse. Klasse. Nation, Beltz Verlag, Hamburg/ Berlin.

Beck, Ulrich (1991), Politik in der Risikogesellschaft, Suhrkamp, Frankfurt am Main.

Beck, Ulrich (1994), Neonationalismus oder das Europa der Individuen, in: Ulrich Beck, Elisabeth Gernsheim (Hg.), Riskante Freiheiten, Suhrkamp, Frankfurt am Main.

Bell, Daniel (1976), Die Zukunft der westlichen Welt, Suhrkamp, Frankfurt am Main.

Boli, John (1987), Human Rights or State Expansion, in: Thomas/Mayer/Ramirez/Boli, Institutional Structure. Constituting State, Society, and the Individual, Newbury Park.

Bookchin, Murray (1985), Die Ökologie der Freiheit, Weinheim/ Basel.

Derrida, Jacques (1988), "Die différance", in: Derrida, Jacques (Hg.): Randgänge der Philosophie. Wien: Passagen, 29-52 [franz.: "La différance", in: Marges de la philosophie. Paris: Minuit 1972, 1-30; wiederabgedruckt in: Postmoderne und Dekonstruktion. Texte französischer Philosophen der Gegenwart, hg. von Peter Engelmann, Stuttgart: Reclam 1990, 76-113].

Descartes, Rene (1986), Meditationen, in: ders.: Ausgewählte Schriften, Fischer Verlag, Frankfurt am Main.

Duerr, Hans Peter (1988), Der Mythos vom Zivilisationsprozess, Band 1: Nacktheit und Scham, Suhrkamp, Frankfurt am Main.

Dvorak, Johann (2013), Politikwissenschaftliche Bemerkungen über den modernen Staat und über Theorien zum modernen Staat, in: Johann Dvorak, Herman Mückler (Hg.), Staat. Globalisierung. Migration, Facultas, Wien, S. 31-54.

Dylla, Daria W. (2008), Eine ökonomische Analyse der Mediendemokratie. Der Rational-Choice-Ansatz und die Stimmenmaximierung, VS Verlag, Wiesbaden.

Elias, Norbert (1976), Über den Prozess der Zivilisation, Bd. 1, Suhrkamp, Frankfurt am Main.

Elias, Norbert (1991), Die Gesellschaft der Individuen, Suhrkamp, Frankfurt am Main.

Etzioni, Amitai (1994), Die faire Gesellschaft. Jenseits von Sozialismus und Kapitalismus, Fischer Verlag, Frankfurt am Main.

Foucault, Michel (1978), Das Subjekt und die Macht, in: Dreyfus/Rabinow: Michel Foucault. Jenseits von Strukturalismus und Hermeneutik, Vintage, Frankfurt am Main.

Foucault, Michel (2013), Die Hauptwerke, Suhrkamp, Frankfurt am Main.

Gurjewtisch, Aaron J. (1994), Das Individuum im europäischen Mittelalter, CH Beck, München.

Haus, Michael (2003), Kommunitarismus. Einführung und Analyse, Westdeutscher Verlag, Wiesbaden.

Hochgerner, Josef (2013), Soziologische Reflexionen. Vom Staat als Herrschaftsinstrument bis zum Kooperativen Staat, in: Johann Dvorak, Herman Mückler (Hg.), Staat. Globalisierung. Migration, Facultas, Wien, S. 17-30.

Kohler, Georg (2011), Selbstbestimmung, individuell und kollektiv. Oder: Rousseaus Problem, in: Jörg Fisch, Die Verteilung der Welt. Selbstbestimmung und das Selbstbestimmungsrecht der Völker, Oldenbourg Verlag, München, S. 3-21.

Kron, Thomas (2001), Moralische Individualität. Eine Kritik der postmodernen Ethik von Zygmunt Bauman und ihrer soziologischen Implikationen für eine soziale Ordnung durch Individualisierung, Leske + Budrich Verlag, Opladen.

Kuhn, Gabriel (2007), Jenseits von Staat und Individuum. Individualität und autonome Politik, Unrast Verlag, Münster.

Laschs, Christopher (1986), Das Zeitalter des Narzissmus, dtv Verlag, München.

Locke, John (1992), Zwei Abhandlungen über die Regierung, München.

Macpherson, C.B. (1967), Die politische Theorie des Besitzindividualismus. Von Hobbes bis Locke, Suhrkamp, Frankfurt am Main.

Marx, Karl/ Engels, Friedrich (1990), Die deutsche Ideologie, in: ders.: Studienausgabe, Band 2, Frankfurt am Main.

Marchart, Oliver (2008), Cultural Studies, UVK Verlagsgesellschaft, Konstanz.

Pietschmann, Herbert (2009), Die Atomisierung der Gesellschaft, Ibera Verlag, Wien.

Proudhon, Pierre-Joseph (1963), Ausgewählte Werke, In: Thilo Ramm (Hg.), Stuttgart, 1963.

Proudhon, Pierre-Joseph (2018), Was ist das Eigentum? Untersuchungen über den Ursprung und die Grundlagen des Rechts und der Herrschaft, Unrast Verlag, Münster.

Ritsert, Jürgen (2009), Schlüsselprobleme der Gesellschaftstheorie. Individuum und Gesellschaft – Soziale Ungleichheit – Modernisierung, VS Verlag, Wiesbaden.

Russel, Bertrand (2012), Philosophie des Abendlandes. Ihr Zusammenhang mit der politischen und sozialen Entwicklung, Anaconda, Köln.

Sartori, Giovanni (1997), Demokratietheorie, Wissenschaftliche Buchgesellschaft, Darmstadt.

Sauer, Birgit (2001), Die Asche des Souveräns. Staat und Demokratie in der Geschlechterdebatte, Campus, Frankfurt am Main.

Tawney, R. H. (1920), The Aquisitive Society, Harcourt, Brace & Co, New York.

Tayler, Charles (1996), Quellen des Selbst. Die Entstehung der neuzeitlichen Identität, Suhrkamp, Frankfurt am Main.

Vaneigem, Raoul (1980), Handbuch der Lebenskunst für die jungen Generationen, Nautilus, Hamburg.

Villa, Paula-Irene (2006), Dekonstruktion, in: Joachim Behnke et al. (Hg.), Methoden der Politikwissenschaft. Neuere qualitative und quantitative Analyseverfahren, Baden-Baden, S.93-102.

Weber, Max (2014), Gesammelte Aufsätze zur Religionssoziologie, Band 1, Severus Verlag, Hamburg.

Zapf, Holger (2013), Methoden der Politischen Theorie. Eine Einführung, Verlag Barbara Budrich, Opladen, Berlin & Toronto.